JN411176

다섯 번째 시집

내 안의 나를 찾아

水岩 곽병수

내 안의 나를 찾아

인 쇄 : 초판인쇄 2014년 10월 25일
인 쇄 : 초판인쇄 2014년 10월 30일
지은이 : 곽병수
펴낸이 : 윤기영
편 집 : 정설연
펴낸곳 : 노트북
등 록 : 제 305-2012-000048호
본 사 : 서울시 동대문구 사가정로 256-4호 나동B101
전 화 : 070-8887-8233 팩시밀리 02-844-5756
이메일 : hdpoem55@hanmail.net

2014. 곽병수 다섯 번째 詩集

ISBN : 978-92687-50-8-03810
정 가 : 10.000원

811.7-KDC5
895.715-DDC21 CIP2014030304

2014년 곽병수 다섯 번째 詩集

내 안의 나를 찾아

1부. 내 안의 나를 찾아

내 안의 나를 찾아...010
잠든 나를 깨워라...011
잊고 있던 깨달음...012
여유 있게 천천히...013
생각을 바꿔봐...014
두려움...015
욕망의 힘...016
눈물...017
당신의 잠재력...018
사람의 행복...019
설레임속의 기다림...020
울지 마라 그대여...021
자존심...022
죽음의 두려움...023
자아 반성...024
당신...025
따뜻한 위안...026
먼 훗날...027
완벽한 당신...028
집안의 공간...029
함께하는 세상...030
행복과 초점...031
우리의 삶...032
가슴으로 느껴라...033
아름다운 마무리...034
행복이란...035
문제속의 문제...036
붉은 꽃...037
벌과 나비...038
완고함의 흠...039
욕망과 결핍...040
내가 사는 삶...041

2부. 침묵의 시간

침묵의 시간...044
이별...045
믿음...046
명상...047
시의 치유...048
침묵의 힘...049
가벼운 마음...050
비움은 채움...051
속 다른 친구...052
주옥같은 시...053
경청...054
나만의 나이테...055
서로 다른 이유...056
즐거운 사람...057
긍정적 성향...058
비움...059
기억과 망각...060
빈손의 젊음...061
진짜 친구...062
사랑의 극치...063
미래의 나...064
새로운 인생...065
고난의 틈새...066
추억의 상처...067
그날이 그날...068
비 오는 날의 추억...069
시선을 의심 받을 때...070
영감靈感의 시심詩心...071
마중물...072
비만...073
자기 치유治癒...074
저 하늘의 별...075

3부. 인생살이

인생살이...078
자연의 치유...079
시의 잣대...080
나는 나의 의사...081
자연의 바다...082
사라져 가는 것들...083
문학...084
긍지와 열정...085
자식교육...086
지성의 불꽃...087
말속의 인격...088
글속의 무언...089
창조의 길...090
선과 악...091
자살예방...092
먼저 변해보라...093
사막의 경이로움...094
말...095
지금 천국에 살리...096
내 뜻대로...097
지옥에서 사랑으로...098
밤하늘의 별처럼...099
도시의 삶...100
정치인들이여...101
바쁜 세상...102
어이없는 참사...103
자연의 혼...104
남의 험담...105
젊음의 순간...106
청소년들이여...107
태양처럼...108
서로를 그릇 다루듯...109

4. 찬란한 비상

찬란한 비상...112
오늘의 젊은 세대...113
삶의 긍정...114
생은 움직이는 것...115
망각...116
내 마음을 잡아라...117
그래도 세월은 간다...118
마음의 변화...119
변화해 보라...120
성공의 지름길...121
우리의 인생...122
자신과의 대화...123
젊음의 야망...124
경험의 지혜...125
승리자의 정의...126
마음속 거울...127
실패의 깨달음...128
좌절의 역발상...129
희망과 절망...130
공허空虛...131
번뇌하는 자여...132
막연한 불안감...133
긍정의 힘...134
고난 뒤엔 낙樂...135
부족함...136
인간 본연의 삶...137
오늘의 변화...138
마음가짐...139
눈과 귀 그리고 입...140
대충을 뛰어 넘어...141
오늘의 투자...142
원한과 용서...143

1부. 내 안의 나를 찾아

향기로움이 가득한 강변
가볍고 넓은 하늘과 바람이
분노의 마음을 버리게 하고
물과 숲이 참소리 들리게 하네

-내 안의 나를 찾아 中-

내 안의 나를 찾아

나는 걷는다
은은한 유채꽃 향기 속
유유히 흐르는 강물을 뒤로 하며
내 안에 숨은 나를 찾기 위해

풀 내음 부르는 속도에 맞춰
조용히 거닐며 명상세계로
깊은 무심 속 한 마리 황새 되어
하늘 높이 훨훨 날아가네

향기로움이 가득한 강변
가볍고 넓은 하늘과 바람이
분노의 마음을 버리게 하고
물과 숲이 참소리 들리게 하네

풀 내음 허물어질까 두렵노라
생동의 강물이 굽이치는 그곳
환상적 자연의 조화라 했던가
흐르는 물은 수양이라 했거늘
때 묻은 마음 씻어 보지 않으련.

잠든 나를 깨워라

내 안에 잠든
나를 깨워라
인생에서 값진 보람은
자신에게 기회를 주는 것

더 늦기 전에 하고 싶은 일
찾아 도전해보고
내일로 미루지 말라
그 내일은 자고나면 또 있는 것

지금 당장 시작해보라
두려움을 피하지 않고
맞서려 할 때
간절함이 묻어 있다

한 번뿐인
소중한 기회를
지금 놓치지 않는
당신은 용감한 도전자.

잊고 있던 깨달음

밝음 속에서는
빛의 고마움 모르고
진정한 빛은
칠흑 같은 어둠 속에서 빛나지

값진 감동과 기쁨은
현실의 어려움 속에서
만날 수 있는 거지

불편하고 아픈 진실에
정면으로 마주하는 것
평시 잊고 있던
깨달음을 느끼게 하지

아쉽고 불편함이
제정신 들게 하고
삶을 바꾸게 하니까.

여유 있게 천천히

우리는 상대에 뒤처질까 봐
항시 스스로를 다그치며
바람처럼 가볍고 빠른척하지

그것을 유지하기 위해
피로가 더 쌓이는 게
우리네 인생이 아닐까

오히려 둔하고 육중하게
현시대에 뒤떨어져
미련하게 천천히 살다보면
둔하고 느린 것이 빠른 것

천천히 가니 진실이 앞서 가고
상대를 배려하는 마음이
여유 속에 더 생기지 않을까.

생각을 바꿔봐

내겐 지루한 오늘이
누군가 에게는
간절히 기다렸던 그 내일이
지금의 오늘 아닐까

생각을 바꿔보니
무의미한 오늘이
감사와 행복을 찾는 삶으로
새롭게 다가오네

생각하기에 따라
만족도가 다르니
나만의 마음가짐으로
내일을 준비해보자.

두려움

행복하고 싶잖아
모두가 생각하고 있지만
실천하기는 어려워

분명히 당신도
창의적인 생각을 갖고 있으니
스스로를 책임지고
작은 것부터 시작해 보라

좌절하지 않은
인생은 없는 것
인내와 용기를 가지고
두려움을 뛰어넘어보라

두려움을 없앨 수 없으나
행복으로 가는 과정의 일부분
행복 뒤에는 두려움이 숨어 있으니
차라리 친구 되어 함께 즐겨보라.

욕망의 힘

인간의 욕심과 욕망은
삶의 동기를 부여하는 힘
욕망이 없다면 성취도 없는 것
생존에 필요한 우리의 장치

욕망은 창조력과 상상력을 높여
행복한 성취를 탄생시키고
인간의 행동을 이끌어가는
무한한 원동력의 힘

인생사 불안해 질 때면
회피해야만 하는 독이 아니라
삶을 행복하게 하기위한
욕망의 발로이기 때문인 거야.

눈물

이 생각 저 생각 복잡한 마음
욕심이 없다면 편안한 것을
차분한 마음은 어디서 찾을까

구름 속 달그림자 따라가 보고
빤짝이는 별들을 바라보면서
나 홀로 조용히 서 있어보네

외로움에 지쳐 흐르는 눈물
아무도 모르게 훔쳐 닦으며
나에겐 둘도 없는 친구이라네.

당신의 잠재력

평소 역경과 어려움을
극복하는 인간 내면의 힘
자신의 목표를 향해
끝까지 노력하는 당신

평범에서 비범한 능력을
발휘하는 동기를 불어넣고
열정과 배움에 적극적 참여로
결정적 힘을 얻는 당신

저마다 잘하는 것은 있는 법
당신 속에 잠자고 있는
잠재력을 일깨워 발휘해
고민을 결과로 증명하는 당신
기필코 원하는 것을 해내리라.

사람의 행복

인간이 갈망하는 행복
사람마다 그 종류는
다르고 다양하지만
모든 이가 갖고 싶어 한다네

예쁜 얼굴을 원하는 사람
건강을 원하는 사람
재물을 원하는 사람
출세를 원하는 사람

사람마다
크고 작은 욕망 속에
모두가 바라는 희망이
이뤄지고 행복했음 좋겠네.

설레임속의 기다림

봄비가 하염없이
내리는 어느 날 오후
오지 않을 임이 올 것만 같은
뭔가 있을 듯한 마음의 설레 임

들릴 듯 말듯 들리지 않는
누군가의 정겨운
발자국 소리같이

귀를 곤두세워 조용히
마음을 쪼이며 기다렸으나
돌아오는 건 빗방울 속 공허뿐

비가 오는 날이면
추억을 더듬으며
잃은 낭만을 찾아 가고픈
애절한 심정은 무엇 때문일까.

울지 마라 그대여

울지 마라
인생의 의미를 잃은 그대여
인생은 울보를 좋아하지 않는다

오늘에 연약한 사람이여
강자에게 속마음 보이지 말고
더 이상 당하고는
살지 말아야 되지 않겠느냐

세상에 혹하지 말고
당신은 어떠한 유혹에도
넘어가지 않은 준비가 돼 있는가

밥솥의 밥도 김이 빠진 뒤
잘 익은 밥이 되듯이
사람도 역경을 겪은 뒤에야
삶의 무게를 아는 법

지나온 세월의 무게만큼
삶의 고단함에 지친 그대여
지식은 과거를 먹고 자란다니
기죽지 말고 당당하게 살아보라.

자존심

자존심이 강한 것은
자신감이 없다는 말
과장된 자존심 이면에는
열등감이 숨어 있지

허약하고 부족한 사람일수록
부족한 면을 감추기 위해
강한 외모로 포장하려 하지만
사기그릇처럼 깨어지기 쉽지

바닥을 경험한 사람들이
좌절에 흔들리지 않는 것은
자신이 실패의 경험으로
더욱 견고해졌음을 알기 때문

마음의 성장에 적절한 좌절은 필수
좌절은 참모습 깨닫게 하고
웬만한 결핍과 아픔은
자아를 여유롭게 하는 보약제.

죽음의 두려움

죽음이란
우리들 세상 밖에 있는 것
죽게 되면
이 세상 떠나는 것이니까

세상에 있는 것은 아니고
저세상으로 떠나는 것
친우와 친지를 떠나보내도
넌 아직 이 세상에 있지 않느냐

이 세상에서
내일과 훗날을 걱정 말고
생각이 앞서 가면
그만큼 걱정거리만 늘어날 뿐

오늘을 자신감 있게
건강관리 잘하여 생각 줄이고
주위 사람을 행복과 편안하게
재미있는 인생 살아보시길.

자아 반성

상대를
이해한다는 것은
즐겁고 행복한 일

살벌한 세상에서
슬기롭게 벗어나는 방법
상대를 이해하려 노력하는 것

나는 제대로 살았나
어떻게 살았는가
그리고 왜 살고 있을까

죽음은 생각해 보았는가
죽음 앞에 악인은 없고
죽는다는 사실이 삶을 바꾼다.

당 신

부
족
함
능력을 가르쳐준 당신
뛰
어
넘
는

고
맙
매력있고 사랑하네
감
사
하
고

따뜻한 위안

늘
여유를 꿈꾸면서
바쁜 삶을 사는 우리들

진정한 휴식은 어디에
삭막한 몸과 마음을
새살이 돋도록 치유할 때

우리의 상처를 품어주는
숲속의 향과 물소리
자연 속 종합병원으로

따뜻이 위안이 되는
자연의 신비로움에 젖어
위로받아 마음을 씻어보자.

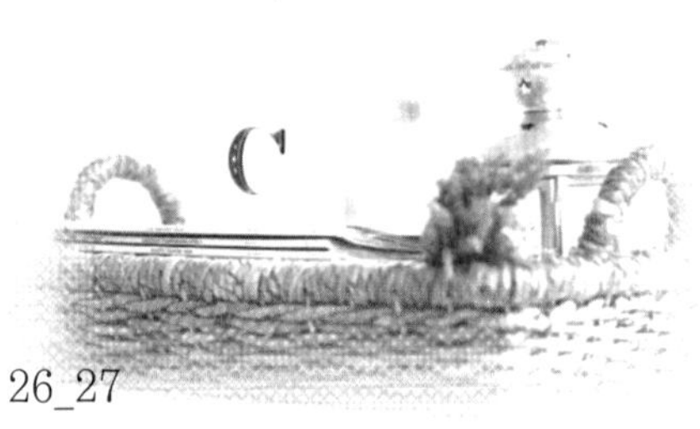

먼 훗날

산골짜기 흐르는 냇물
디딤돌 하나 둘 밟으며
출렁이는 물 건너본다

건너온 아쉬움에 앉아
나무그늘 벗 삼아 발 담그고
현실에 때 묻은 손 씻어본다

이물은 흘러 바다로 가겠지
나는 흘러 흘러 무엇이 될까
먼 훗날 한 줌의 흙이 되겠지

흙은 도자기 되어 안방에
아니, 막사발 뚝배기 되어
사람 옆에 늘 있었으면 좋겠다.

완벽한 당신

가까이하기엔
너무
완벽한 당신

당신이 있기에
난

대충대충
넘어가는 걸
어떻게 해.

집안의 공간

자연을
집안에서도 느껴보고
변해가는 계절을
즐기며 살아 보세요

때론
집안의 공간에서도
마음껏 뒹굴어 보세요

종일
하고 싶은 대로
하고 사는 거래요

이젠
그래야 한데요
정말 행복하고 재미있는
삶의 연속이잖아요.

함께하는 세상

어떤 것이든 자기 힘으로
이룰 수 있다는 자신감과
목표와 동기부터 부여하고
긍지의 자부심을 가져보라

미래만 꿈꿀 게 아니라
현재가 존재하는 것
지금 뭐가 필요한지
가슴 깊이 깨달아 보라

다양한 것을 경험하고
많이 알면 더할 나위 없지만
빨리 배우는 법부터
먼저 익혀 습득하라

요즘은 자기주장 시대
매사에 찬성 반대는 있는 법
모두의 공통점을 맞추고
다들 함께 나누는 세상인 거야.

행복의 초점

행복보다 불행의 덫에
발목 잡힌 현대인들
행복은 무언지 어디에 있나

불행의 조건에 사로잡혀
고민과 좌절 질투의식으로
어려운 삶을 사는 사람뿐

그대는 지금 행복한가
불안 속의 당신은
오늘도 행복을 꿈꾸어 본다

행복은 가르쳐주는 것도
찾아오는 것도 아니야
내가 찾아가 만족하고
스스로 느껴야 하는 것이야.

우리의 삶

우리의 삶이
지나갔음에 가벼움 느끼고
아직도 남아 있음에
무거움을 깨닫는다

한곳에 머물지 않는
유목민 같은 삶을
그리워하기도 하지만

우리는 한 장소에
뿌리 내리기를 갈망하며
지속적인 안정을 찾는다

시대에 뒤떨어져 보일지라도
단순한 진심을 드러내고
서로 기대며 그렇게 살았으면 좋겠다.

가슴으로 느껴라

머리로 이해하고
암기하며 배우는 것보다
가슴으로 깊숙이 느껴라

문제는 다름 아닌 당신 생각
잘하겠다는 생각보다
좋아하는 마음
먼저 가져 느껴보라

즐겁게 할 수 있다는
믿음과 신뢰감이 생기고
자신감과 용기가 생겨
성취감이 빨리 오고
어떤 일이든 할 수 있으니

그대는 혁신가
어떤 상황에도 흔들림 없는
나를 막을 수 없다는 기분으로
소신 있고 당당하게 밀고 나가세.

아름다운 마무리

삶이란 마무리가 중요한 법
위대한 삶에는
아름다운 마무리가 필요하지

우리 모두는 시한부 인생을 살고
시간은 다가오고 정해져 있지
어떤 일에도 마무리는 있고
인생엔 누구나 마지막은 있지

마무리를 준비하는 사람은
어떤 정신으로 살았는지
삶의 여유로움도 알 수 있지

위대한 삶이란
아름다운 마무리로 챙기는
멋있는 사람에게 하는 말이야.

행복이란

행복이란
스스로 느끼는데 있는 것
찾아오는 것도
기다리는 것도 아니라네

바로 내 옆에 있는 것
현실을 보는 방식에 있지
슬프게 보면 슬픈 것이고
기쁘게 보면 기쁜 것이지

많은 것을 갖췄는데도
불행하다고 느끼는 사람들
물속에서도 물을 더 달라는
욕심속이 현대인들의 특징

재물과 권력을 추구하면서도
명예와 자유로운 삶까지
많은 것 남들과 비교하지 말라
스스로 만족하면 행복한 것이야.

문제속의 문제

세상엔 문제가 떠날 날 없다
그 자체에 있지 않고
모르는 게 정작 더 큰 문제다

세상에 일어나는 문제 속
허우적이다 몸과 마음 지쳐
망치는 것 수없이 봤지

내 마음 붙들어라
마음이 달아난 사람은
그날로 비천해진다

마음을 놓아 버리면
외물이 얼룩진 허깨비 마냥
끌려 다니는 인생이 되지

정신 똑바로 차리고
네 마음 꼭 ~ 옥 붙잡고
똑바른 인생 살아가리라.

붉은 꽃

나이 들수록
희미해진
기억 탓일까

흐릿해질수록
아름답게
채색되고

젊어보려
붉은색 옷으로
갈아입어 보지만

마침내는
추억이 되고 마는
지난 일이기 때문일까

꽃도 붉은 꽃이 아름답다
슬픈 노래로
슬픔이 치유되는 것처럼.

벌과 나비

한창시절
주위에 많던 사람들
이젠 아무도 없다고

아무렴
꽃도 한철이고

시들면
오던 벌과 나비도
안 온다지

매양
영원한 것은 없으니
그러려니
살아가라하네.

완고함의 흠

너무 많이
너무 꼼꼼히
생각하지 말라

지나친 자아 찾기
자기 탐색의 완고함도
우리를 엉뚱한 길로 인도한다

우울한 기분이 들면
자연 속 거닐며
감정에 드리워진
어두운 그림자를 걷어 내보라

자아를 너무 들여다봐도 흠되니
지금 이대로도 충분하다
많이 깨달을수록 좋다는 잠언은
우리를 더욱 궁지에 빠트린다.

욕망과 결핍

당신은 뭘 원하는가
누구나 항상 또 다른 삶을
꿈꾸며 살아간다

내가 저런 것 해야 하는데
이런 걸 하면서
이렇게 살고 있어

사람의 욕망과 결핍은
자신도 모르는 사이
더욱더 커져만 간다

갈등 속에 살다보면
어느새 덫에 걸리고
그 덫을 만든 건
결국 자기 자신이다.

내가 사는 삶

꿈꿔든 삶
꿈꾸는 삶
지금 내가 사는 삶
앞으로 살아가야 할 삶

현대 사람들이여
보이지 않는 문명의 쇠사슬에 묶여
왜 그렇게 바쁘게 살아가는지
여유롭게 하면 되지 않는지

이런저런 일에 출세의 욕심도
그 와중에 글쓰기까지
너의 어릴 적 꿈이었다고
잠잘 시간도 없이 꿈이라니

꿈을 찾아 잠까지 아끼는 사람들
자신을 뒤돌아보며
어릴 적 꿈꾸던 삶을 살고 있는지
생각해보는 순간이기도 하다.

2부. 침묵의 시간

고요한 밤이 되면
고요 속에 나를 묻어보라
묻으면 묻을수록 흐르는 시간은
나의 마음속에 쌓일 것이니.

-침묵의 시간 中-

침묵의 시간

사람들이여
눈에 보이지 않는 시간과
침묵의 소리에
귀를 기울여보라

흘러가는 시간은
사라지는 것이 아니라
나를 더욱 영글게 키우고
인생의 설레임을 느끼게 한다네

고요한 밤이 되면
고요 속에 나를 묻어보라
묻으면 묻을수록 흐르는 시간은
나의 마음속에 쌓일 것이니.

이별

얼마나
많은 눈물을
더 흘려야
슬픔이 멎을까

만났을 땐
한량없이
기쁘고 좋았는데

왜 진정 몰랐을까
만나면
헤어진다는 사실을.

믿음

믿음, 믿음
정말 믿음을 믿나요

자신들의 믿음이
진실 아님을 알게 된 순간에도
진실을 외면해 버리고
사람들은 믿음 자체를 믿는다

힘없던 사람이 믿음을 가진 후
힘 있게 살아간다며 지지한다
궁지에 몰린 약한 인간에게
도피처 또는 힘이 될까

이유 없이 무조건
믿어야 하기에 믿음인가
냉정하게 생각해보는
심각한 대목이기도 하다.

명상

명상이란
현실과 환상을 구별하여
삶의 깨달음을 얻고

생과 죽음 사이에
과거, 현재, 미래를 압축해
현실을 찾기 위한 것

과거와 미래를 이해하면
지금 이 순간 현실을
그대로 느낄 것이고

현재와 과거를 정리하면
현실에 얽매이지 않는
자유로운 존재가 될 수 있는 거지.

시의 치유

삶의 무게가
무겁고 고달플 때
만사가 귀찮고
멀리 도망가고 싶을 때

조용한 마음으로
시의 세계 속으로 들어가
시와 함께
마음의 위로를 받아보라

인생의 지혜와 참 행복이
그 속에 담겨 있을지니

상처를 받는 것도
치유를 하는 것도
자신일지니
시의 도움으로 치유해보라.

침묵의 힘

침묵은
양심소리를 들을 수 있는 통로
스스로 자신의 삶을
돌아볼 수 있는 유일한 시간

조용히 입 다물고
가슴으로 말하게 하라

개인의 삶을 바꾸고
적대하는 진영을
화해시킬 수 있는 능력과
신비의 힘을 가진 침묵

입 닫고 묵상하여
모두가 친구 되는 좋은 삶
아름다운 세상 이루어보세.

가벼운 마음

불같은 성격을 참지 못하는 분
분노와 원한에 고통 받는 분
좌절과 우울로 고민하는 분

아프고 힘든 가슴 거둬내고
홀가분한 마음으로 돌아와
자신의 것으로 살아가 보자

인생은 저마다 속도가 다른 법
거북이는 느려도 오래 살고
번개는 빨라도 금방 사라져

각자 살아가는 방법이 다르니
우리 인생도 남에 비유 말고
자신의 속도에 맞춰 살아가 보자.

비움은 채움

빠름보다 느림의 미학 속에
모든 걸 위로받고 싶고
낭만이 그리웠던 시절

인생엔 정답이 없다지만
남의 티는 보면서
내 얼굴의 티는 못 보는 나

바람이 불면 부딪치지 말고
버티면 그만큼 미움만 쌓이니
바람에 몸을 맡기고 날아가 보라

정답대로 살지 말고 나답게
몸과 마음을 비우고 살아봐
비우지 않으면 채울 수 없으니
비움은 곧 채움이어라.

속 다른 친구

적보다 무서운 건
속 다른 친구
적처럼 보이지 않으나
완전 위장된 적

서로가
가는 길이 다르기에
속 다른 친구와는
싸워야 한다

너는 진보
나는 보수
서로의 사상과
이념이 다르기 때문.

주옥같은 시

은반 위 주옥같은 시
그 무엇과도 바꿀 수 없는
신비의 능력을 가진 시의 세계
한순간도 놓칠 수 없네

그 자체가 감동이고
잃어버린 삶의 여운을 밟으며
표현할 수 없는 무언의 순간들
황홀한 시간의 연속이었네

풍요 속에는 시가 맴돌지 않고
아픔과 절망 속 피어나는 봉오리
허무와 고통 속 희망과 용기 담아
영혼을 이끌어 가려는 발버둥

짜릿 매콤한 향기 속
어느 한쪽의 이념과 편견보다
성찰과 반성, 되새기는 답을
시는 독자에게 떠미니 어쩜 좋으리.

경청

낮말은 새가 듣고
밤 말은 쥐가 듣고

이 세상 어디에도
바람 없는 곳 없나니

큰 입 자랑처럼
말 많이 하지 말고

지퍼로 잠근 듯
침묵으로 일관하되

귀는 두 개이니
두 배로 경청하세.

나만의 나이테

겨울, 다시 겨울이네
차가운 겨울속 눈처럼
짧은 그림자로 있어본다

긴 겨울 눈 속의 그림자처럼
이정표로 남아 있으려 했으나
눈 녹듯 나는 있지 않았다

겨울에 나무가 나이테를 만들듯
고독 속 독백을 씹으며
나만의 나이테를 만들어본다

번뇌 속 나의 나이테로
나는 나를 다져본다
있지 않은 나를 찾기 위해.

서로 다른 이유

인간은 생체 흐름 시간 외에
또 다른 기분리듬 흐름의
생체가 있는 건 아닐까

동물도 저마다
다른 리듬의 성장 생체를
가지고 있는 것처럼

화를 잡는 데 걸리는 시간
우울함이 기쁨으로 바뀌는 시간
사람마다 모두 다르다

어떤 잘못을 한 친구가 있을 때
그를 탓하거나 화내기 전에
관심을 돌려 여유를 가져보라

기다리지 않고 화를 냈다면
관계는 더 틀어졌을 것이고
서로의 기분리듬 흐름은 다르니까.

즐거운 사람

재미있고 즐거운 사람
늘 함께 있고 싶다네
주위의 사람들을
즐겁게 해주니까

행복을 곁에 두고 싶듯
서로들 함께하면서
웃음을 같이 나누는 기쁨
그 이상 즐거움은 없잖아

다 같이 즐거움을 만들고
스스로 기쁨에 빠져들어
환희를 느끼는 사람들
그보다 행복은 없는 것이야.

긍정적 성향

불안과 우울은
자신에게 집중하는
성향을 갖고 있기 때문

행복감을 느끼는 사람은
정신적이나 육체적으로
치유하는 감정, 회복되는 마음이
더 건강하고 건전하지

잘못한 행위를
용서하지 못하는 사람은
용서하는 사람보다
더 심한 분노와 우울을 느낀단다

행복과 관계있는 낙천주의
정신건강에도 유익되고
더 행복한 삶을 산다고 하니
낙천주의와 긍정적인
사고방식으로 즐겁게 살아보라.

비움

등산하는데
힘이 많이 드는가
산을 오르는 데는
높이가 아니라 무게야

당신의 몸과 마음이
무거우면 오르지 못하니
무게를 덜어내고
가볍게 세상을 날아 봐

깨달아 느껴서
아직도 비울 것이 있으니
가벼워 즐겁고
우아하지 아니한가.

기억과 망각

기억은 사람을
사람답게 떠받치는 기둥
기억이 잊히면
사람다움도 사라진다

나와 이웃은
서로의 기억으로 연결돼 있고
기억이 끊기는 순간
인격적 존재도 사라진다

스스로 기억을 잃고
망각의 저편으로
넘어가는 침해를
죽음보다 더 두려워하지

기억할 것을 기억하는 사람
슬픔과 절망 사이의
잊고 싶은 기억은 잊어야 살지
그래서 세월을 약이라 했든가.

빈손의 젊음

이 봐
빈손의 젊음이여
화합과 창조의 투기를
좋아한다면서

그런데 왜
보통사람 보담도
노력과 인내는
더 많이 하지 않니

끊임없는 인내로 완벽하게
망설임 없이 앞만 보면서
영광스러운 상처와
피나는 노력으로 버티어 보렴

그래야만 빛나는 내일이
손짓하며 기다리고
기쁨과 행복한 그날이
너와 함께 보장되는 거잖니.

진짜 친구

지지고 볶아야
진짜 친구이지
다지는 우정
그런 것 아니겠오

권력과 명예를 위해
싸움을 벌이는 건
남자 본성에 박혀있는
슬픈 운명인가 봐

우리 인생에서
후회할 선택은 하지 않고
살아갈 방법은 없을까

그동안 연락이 없었던
옛날의 친구들
모습이 불현듯 떠오른다
보고 싶다 친구야.

사랑의 극치

인생이란
되돌릴 수 없는
순간, 순간의 연속

사랑하는 사람과
행복을 위해
함께하는 시간
그 달콤함이여

생각만 해도
마음 한구석이
간질간질 해지는 사랑

인간으로서
최고의 짜릿한
기쁨을 만끽하는
극치의 순간이 아닐까.

미래의 나

젊음들이여
더 성장하려면
자기 계발에 노력하라

취미와 재미있는 생활
잊어버린 낭만을 찾아
가상적인 시와 글을 써보자

시는 미래를 보는 보물창고
지금의 나를 판단하고
왜(why)라는 이유를 생각하고
미래의 나를 생각해 보자.

새로운 인생

지루한 일상에서 깨어나
항시 변화하는 마음 흐름에
지배를 받지 말고
그 위에 올라타 조정해보라

참 나를 찾아
상처받지 않는 자신을 만들어
가슴 벅찬 삶을 깨우쳐 체험하고
스스로 행복한 존재로 추구해보라

일상의 삶을
획기적으로 추구하다 보면
그때마다 나날이 새로운 인생으로
즐겁게 살아갈 수 있는 거지.

고난의 틈새

아무리 풀려고 해도
풀리지 않던 인생의 문제
평범함 속 서서히 풀릴 때
그 평범함에 무엇이 숨어 있나

어쩜 그 인생 속에는
끊임없는 노력과 인내가
남달리 숨어 있는 건 아닐까

인생에 우연이란 없는 것
그저 우연스럽고
평범하게 보였을 뿐이지

인간이란 자기 계발과
노력은 항시 숨기는 것
말없이 실천해 나갈 뿐
결과는 미래가 말하는 것

영광은 그냥 오는 게 아니고
고난의 틈새에서 찾는 고귀한 것
우리 다 같이 꾸준히 노력해
밝은 내일을 맞이하지 않으련.

추억의 상처

해지고 달이뜨고
꽃피고 새가울고
여름뒤 가을오고

비뿌려 바람불고
낙엽도 떨어지고
사랑은 돌아앉고

아쉬운 추억속에
그리운 깊은마음
상처만 남아있네.

그날이 그날

어제처럼 다르지 않는 오늘
괜히 오지 않는 사람을 기다리고
사람은 언제나 같은 얼굴로
언제든 같은 행동을 하지

그래서 어제는 오늘이고
오늘은 내일인 것
오늘은 내가 어제에
그토록 갈망했던 내일인 것을

우리는 늘 다음 날도
그 다음날도 마찬가지
그런 세상에서 허우적거리고
누군가를 기다리며
살아가는 것이 인생이라네.

비오는 날의 추억

비오는 날
그대 모습 잊으려
애써 보았지

비 맞은
개털마냥
털어 보지만

온몸 깊숙이
물 묻은 솜털처럼
추억은 젖어만 오네

기다림은 사랑보다
더 깊은 아픔으로
새털같이 스며드누나.

시선을 의심받을 때

살면서 억울한 일은
시선으로 의심받았을 때
의심하는 눈초리로
바라볼 땐 얼울하다

시선이 곧 마음이기 때문
인간만이 시선을 통해
의사소통을 하기에
시선을 느끼는가보다

시선을 함께 보기는
사람만의 위대한 능력
동물은 시선이 마주치면
위협하는 것으로 간주한다

상대를 의심하며 보지 말고
서로를 진실어린 눈으로
부족한 이들을 보듬고
따뜻하게 배려했으면 좋겠다.

영감靈感의 시심詩心

삶이란 무엇일까
자본주의 탐욕에
내 영혼 팔지 않으려면
생각이란 걸 하고 살아야 해

아무렇게나 살아온 인생
덧없이 살아지기 전에
글로 점하나 찍어 남기고 싶어

생각이란 옹달샘 같아
퍼내면 퍼낼수록
새로운 물 고인다네

당신의 지혜와 영감의 글
무엇보다 인생의 정확한
나침반이 돼 줄 테니까

글쓰기는 왜 이리 어려운가
그러면서도 행복한 건
마음속 시심詩心 때문인가 봐.

마중물

펌프에 마중물이 없으면
물이 나올 수 없고
물레방아는 물이 없으면
혼자는 돌아갈 수 없다

빠지는 물이 잘 빠져야
더 잘 돌아가듯
인생의 이치理致도
이와 마찬가지

자신과 상대에 자극을 줘
스스로 움직이게 하고
다 같은 마음으로
살기 좋은 세상 조성하여

늙은 세대는
스스로 물러남으로
젊은 세대가 더 활발하게
움직이는 세상 만들어보세.

비만

뚱뚱하다 살쪘다 배불뚝이다
비만의 표현은 다양 하네
몸이 비만하면 움직일 수 없으니
체중 뺀다는 건 당연한 것

살을 빼겠다고 굶는 그대여
고생이라 분노할 필요 없다
그대가 날씬하고 날렵해야
개미허리 여자 만날 수 있지

인간 건강을 성공사례로 보고
생존은 육체적 건강과
정신적 건강으로 생각하여
살 빼는 방법을 제시하는 것

탐식은 악마의 유혹이고
비만은 지옥의 구렁텅이
단식하여 운동해 체중 줄이고
날렵한 몸으로 신나게 살아가시길.

자기 치유治癒

초점을 잃은 눈동자
싱그러운 젊음으로
빛을 발해야 하는데
모두들 절망에 시달리고 있다

실의와 절망에 빠져
자아自我를 허공 속으로
날리는 자들이여

스스로 자신으로 돌아와
충만감으로 성숙해져
무의식 속에 있는
치유의 나무를 찾아보라

무성한 잎사귀를 보면서
지금은 힘들지라도
사람 마음속에는
자신만의 치유의 나무가
자라고 있었으면 좋겠다.

저 하늘의 별

가을밤은 높고 물소리도 찬데
어둠 속 별들의 찬란한 광채
하늘을 가르는 은하수의 행렬
우주의 끝은 어딘가 묻고 싶다

수억 년 속
시간 흐름의 작품인가
허무속의 진실인가
아님, 무상한 인생의 발로인가

별들은 소리 없이
조용히 하늘을 빛내는데
왜 우리는 아프게 살아야 하나
물어본다 저 하늘 별들에게.

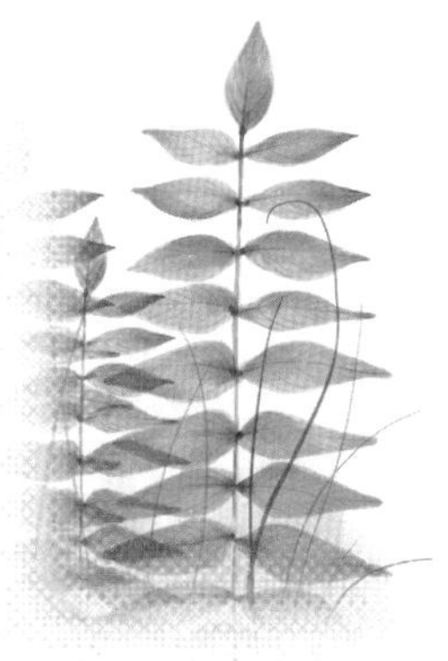

3부. 인생살이

꿈속에서는 꿈이 삶이고
삶을 살 때는 꿈속과도 흡사한 것
오늘도 얽힌 인생살이 속
아리송한 질문을 던져 본다.

-인생살이 中-

인생살이

인생살이 무엇이 소중한가
돈, 돈이 그렇게 좋은가
세상을 살아감에
그것의 소중함만 느끼는가

인간다운 삶에
그것의 무관심할
생각은 못했든가
인생이란 거기서 거기인 것

꿈속에서는 꿈이 삶이고
삶을 살 때는 꿈속과도 흡사한 것
오늘도 얽힌 인생살이 속
아리송한 질문을 던져 본다.

자연의 치유

산과 자연이 말하네
품 안으로 들어와
무거운 몸과 마음
내려놓아 보라고

자연도 생존 위해
꽃잎을 눈물처럼
미련 없이 흘려버리고

우울한 가을엔
단풍도 낙엽으로
남김없이 날려버리네

우리도 자연같이
상처받은 무거운 짐
내려놓고 치유 받아
가뿐하게 살고지고.

시의 잣대

시를 읽을 땐 어떤 잣대일까
과묵과 함축의 여운이
안쓰러울 정도로
머리를 스치며 채운다

일단 마음의 문을 열고
가장 낮은 사랑의 노래처럼
민감한 감각을 느끼며
겸허하고 진솔 스러웁게

간결하게 묘사하여
천천히 소리 없이
고양이 걸음같이 민첩하게
감상하며 사뿐사뿐 걸어가 보라.

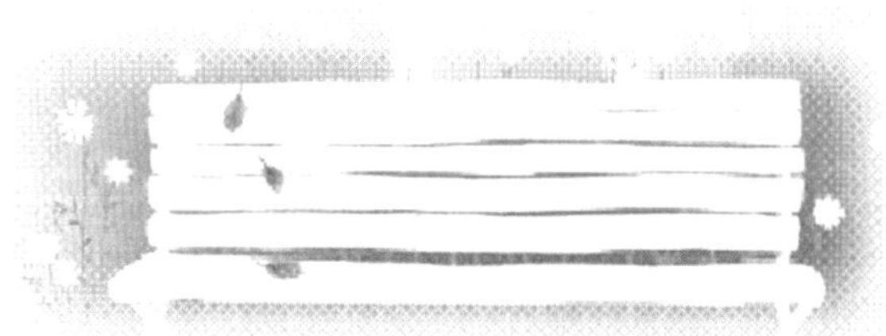

나는 나의 의사

지금 몸과 마음이
피곤함을 느끼니
당신은 어찌할 것인가

그대의 몸은
당신만이 제일 잘 아는
비밀번호이다

의사도 어느 누구도
당신의 건강을 자신보다
더 잘 아는 사람은 없나니

스스로 예방차원으로
건강관리 먼저 하여
만수무강 누리소서.

자연의 바다

답답하십니까
우울하십니까
자연의 바다를 찾아가보세

확 트인 저 넓은 바다는
우울과 답답함을 풀어주고
몸과 마음을 맑게 해 주네

저 멀리 수평선 넘어
출렁이며 춤추는 바다는
생동감 차고 활력이 넘치네

피로와 시달림에 지친
사람들의 몸과 마음을
달래주는 치유의 약

자연보다 더 좋은
치유 제는 없다는 생각에
지금 달랑 몸 하나 챙겨
떠나보자 저 넓은 바다로.

사라져 가는 것들

사라져 가는 것들과
도태淘汰 되어가는 세월 속
기다림이 없는 아쉬움에
냉정한 순간순간들

초조하게 기다려줌은
이젠 더 이상
미덕이 아닌 시대

그리움도 사라져 가는 걸까
기계화 돼가는 인간들 속
저녁노을처럼 그리움도
아쉽게 사라져만 간다.

문학

문학은
내 안의 모순을
극복하고

아픔을
상기시켜
자극도록 하여

자아를
성숙시키고
나를 만드는 과정.

긍지와 열정

마음의 눈을 부릅뜨고
무엇이든 자신의 힘으로
행복한 미래를 위해
깊은 속 근본을 건드려 보라

요즘 세상은 자기 표현시대
내가 이 세상에서 필요하고
개성 있는 존재라는 것을
일깨우고 대중에게 알려라

긍지와 뜨거운 가슴으로
내일의 푸른 꿈을 가진다면
그대의 들끓는 열정
세상에 울려 퍼지리라.

자식교육

넘치게 키워 나약한 아이들
무조건의 칭찬보다
약간 꾸짖는 깨우침이
더 좋은 약이 아닐까

인생은 다 가질 수 없는 것
가지고 싶은 것을
빨리 보다 늦게 줘야
애착심이 더 높아지는 법

모자라게 줬더니
생존력이 더 높아지더라
결핍의 대가로 얻은 절제력
자식에게 물려 줄 수 있는
결핍은 아름다운 유산.

지성의 불꽃

나는 누구인가
지금 잃어버린
자신을 찾아보라

스스로 내 인생
내가 찾지 않으면
그 누가 찾아주리

인생은 한 번뿐
먼 훗날 깨달을 때
이미 때가 늦으리

지금 당장 뜨겁게
더 냉철하게
지성의 불꽃을 지펴보라.

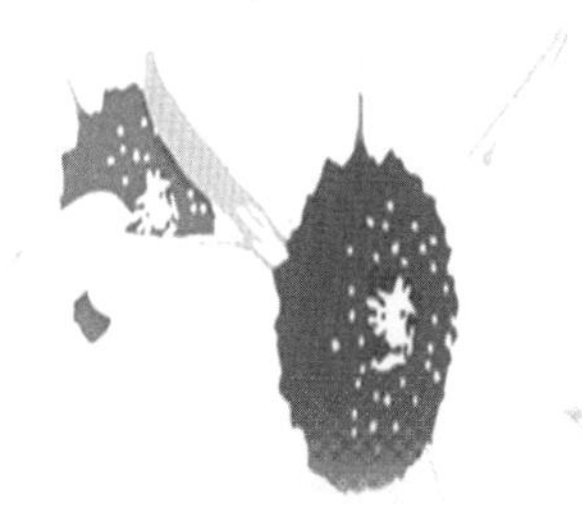

말속의 인격

말을 듣는 것은
사람을 듣고 보는 것
말이 인격이고
그 사람의 성품이기 때문

말을 듣고 있으면
그 사람이 보인다
현재와 과거가 보이고
미래도 떠오른다

말은 갈수록 거칠고
더 강한 자극 찾아 독해지니
상대를 배려하는 마음으로
다 같이 반성해야 하지 않을까

막말은 상대보다
나를 더 해치는 행위
말로써 말을 부르니
칭찬과 격려로 말조심하자.

글속의 무언

한 글자 한 글자에
무게가 실려 있는
정성으로 쓴 글

한 문장 문장마다
숱한 번뇌를 겪으며
독자의 가슴을 찌르는 글

진보와 보수
불신만 남는 듯 보이지만
함께했던 무언의 약속
우리 모두 행복하자고.

창조의 길

새로움을 만드는 창조의 길
머릿속의 무한을 붙들고
상대가 보지 못한 것을 보거나
상상할 수 있어야 하지

특이함을 만들려면
시속의 상상력을 활용하고
시간 속에 영원을 붙잡아라

시속에는 탁월한 감성력
상상력이 끝까지 가고
자신은 곧 초승달이 되어
바람도 되고 구름도 된다

언제나 새로운 이미지를 만들고
하늘 땅, 밤과 낮, 시간의 공간
모든 것이 그 속에 공존한다.

선과 악

선과 악의 기준은
복잡한 사회구조 속
관점과 입장에 따라
다양할 수밖에 없다

빨간 꽃 좋은 사람
노란 꽃 좋은 사람
서로의 취향에 따라
각자가 생각이 다를 뿐

꽃에는 착한 꽃과
악한 꽃이 따로 없듯이
그 저 갖가지 다른 모양
다른 색깔로 맘껏 피어날 뿐이다.

자살 예방

자살한 동기를 알면
다른 사람 죽음을 막을 수 있어
죽으려는 사람 구하는 것이 급선무

어느 날 계속 밥을 먹지 않거나
휴대전화의 모든 것을 지우고
뜬금없이 작별 인사하는 등
행동은 자살이 임박했다는 징후

고독과 무기력 쓸쓸함 등
인간은 스트레스를 받지만
모두 자살하지는 않는 것

자살은 남의 일이 아니라
내 주변에 일어날 수 있는 일
관심 있게 관찰하여
그 사람 편에서 예방해 보라.

먼저 변해보라

인간이 갈망하는 행복
모든 이가 갖고 싶어 하지만
사람마다 그 종류는
다양하고 다른 것

인생은 길고 긴 것
무엇이 하고 싶고 중요한지
내가 원하는 건 무엇인지
인생의 먼 곳부터 먼저 보라

세상을 한탄 말고
나부터 먼저 변해보라
내가 바뀌면 세상도 변해
모든 성취는 내 마음에 있느니.

사막의 경이로움

북쪽의 몽골사막
부드러운 살결과
풍만한 곡선을 가진 포근한 여인

나무 하나 없는 사막엔
본능적으로 을씨년 스럽긴커녕
여인의 젖가슴과 엉덩이 닮은
모래 언덕이 끊임없이 펼쳐진다

움푹 들어간 부분은
잘록한 미인의 허리 연상케 하고
곱은 모래로 이뤄진 몸매엔
극적인 그림자가 드리워진다

쨍 빛나는 자연 하늘 덕분에
내내 이런 경이는 빈번했고
막막한 사막인 줄 알았던 생각에
마음속 쾌재를 불러본다

어딘가 숨겨 놓았을
신비의 샘물을 찾아
조심조심 앞으로 나아가본다.

말

말은 끝이 없네
말이 막말을 낳고
허튼 말 만들어
세상 어지럽게 하네

한 치의 혓바닥이
이리치고 저리 쳐
아무렇게 쏟아내고
독을 품고 숨어있네

입 닫고 근신고저
입술을 깨물어도
제멋대로 토해내고
인생을 망쳐놓네

귀는 열렸으니 많이 듣고
입은 맘대로 닫을 수 있으니
도끼의 혀가 춤추지 않도록
말없이 조용히 살아가라 하네.

지금 천국에 살리

난 지금 지옥에 산다
여기도 지옥 저기도 지옥
가는 곳 마다 지옥이네
평생 즐겨 먹던
술을 끊으니 지옥이지

술을 먹는 순간엔
여기도 천국 저기도 천국
가는 곳 마다 천국이네
나중에 지옥 갈망정
난 지금 천국이 좋다

천국 가기를 기다리는
연옥煉獄 보다 낫지
나중에 갈 천국보다
먼저 당겨 왔으니
지금이 좋을 수밖에.

내 뜻대로

뭐가 그리 억울한가
뜻대로 되는 것 없다고
늙을수록 멋지게 죽는 날까지
즐겁게 내 뜻대로 살아가리라

욕심 속에 억울하다 생각 말고
조금 이룬 것도 다 이룬 것이니
인생을 낮추면 거기서 거기인 걸
무엇이든 자신 있게 행동하리라

내가 웃으면 상대도 웃고
주위 사람 다 웃는다
그래서 나도 또 웃는다네
내가 만난 사람들이 곧 나의 인생

남의 인생 간섭 말고
모든 일 최선하며 자유롭게
아직도 내 마음속엔
어린 철부지와 같이 살고 있다네.

지옥에서 사랑으로

지금 우리의 세상은
서로를 비난하고
모두가 헐뜯는
끔찍한 지옥으로 변하네

모두가 저마다 옳고
자신만이 정의라고
믿고 있기 때문에
정의를 독점하려 하지

한 발짝 후퇴하여
너와 나 아껴주고
서로를 존중하며
모두들 사랑해 보자

사랑할 줄 모르면
불행한 사람이고
사랑받을 자격도
없어지는 것이라네.

밤하늘의 별처럼

온 세상 잠들은
칠흑같이 캄캄한 밤
유난히 반짝이는
저 하늘의 별들을 보라

어떨 땐 구름에 가리고
낮에는 태양이 더 밝아
잘 보이지 않을 뿐
반짝이는 건 마찬가지

하늘은 별들의 고향
밤하늘의 별처럼
그대도 저 하늘별같이
항상 반짝여 보라.

도시의 삶

빠름과 느림의 흐름 속
매일같이 고통스럽고
참을 수 없는 일 벌어져도

시간이 하찮은 듯
거북이걸음 속 공원에서
이야기 꽃피우는 사람들

할 일이 없는 건지
여유가 있는 건지
메마름과 촉촉함이 엇갈린다

일상은 잘 돌아가는 듯
생의 낌새가 나는 도시의 삶
모두가 잘 돌아갔으면 좋겠다.

정치인들이여

오늘의 정치인들이여
비욕肥辱 하단 말 듣지 말고
정치다운 정치 해보지 않으련

이제 우리 국민들은
풀뿌리 민주주의를 넘어
차원 높게 융합하고 있다네

반대를 위한 반대는 말고
반대를 반대해보지 않으련
부정에 부정은 긍정이라지
아닌 것이 아니면 사실이잖아

국민 앞에서 우리 다같이
반대를 반대하여 긍정으로
꼼수나 지방의식 없이 정중히
살기 좋은 세상 만들지 않으련.

바쁜 세상

지금 깜빡 잊고 있는 건 없는가
사람들은 자신을 바쁘게 만들어
아예 바쁘다는 생각이
정상으로 느끼는지 모른다

바쁜 세상에 익숙해져
무엇을 잊고 있는지
한가한 시간은 감당할 수 없는
당신이 돼가고 있는 건 아닐까

바쁘게 돌아가는 세상 속
감당할 수 없는 일은 벌이지 말고
나만이라도 여유 있게 천천히
바쁨 속에 한가함을 즐겨보라.

어이없는 참사

세월호의 참사
가족들의 절규가
절망으로 하늘을 찌른다

젊은 생명들의
참혹한 소멸이
살아 있는 자들의
가슴을 찢고 또 찢는다

하지만 우리는
참담함과 황망함 속에
빠져 있을 수는 없고
고통과 슬픔의 바다를
헤쳐 나와야만 한다

철저한 자기성찰과
변화를 위해
필사적인 노력으로
이겨야만 한다
내일의 삶을 위해…

자연의 혼

자연 감상에 중요한 것은
자신의 자유로운 감성을 존중하고
자연의 혼을 찾아내는 것

마음속 그려본 한 폭의 풍경화
노을 진 누런 들판에 나 홀로 서서
가슴 한 컷의 그리움과
잔잔함속 숨은 애틋함을 찾아보라

먼 산을 바라보면
자연 속 은은한 울림이
자연의 혼을 불사르고 있네

세파에 시달리는 우리들
초야에 묻혀 조용히 어루만지며
따뜻한 휴식과 안정으로
고달픈 몸과 마음을 치유시켜보렴.

남의 험담

남을 험담하지 말자
당신이 하는 말은
남이 듣고 보는 당신의 인격

남의 험담은 반사되어오고
미워하면서 닮아간다 했거든

미운사람 닮아가는 당신
예쁘게 볼 사람 없을 거야

조용히 경청하며 동조해 보라
관심을 보여주는 당신에게
놀라움 느끼며 감동하여
친근감 갖고 좋아하리라.

젊음의 순간

순간을 모르면 영원을 모르듯
젊음은 영원할 것 같지만
정오의 그림자가 가장 짧듯이
인생에서 청춘은 순간인 것

살은 날보다 내일이 짧은 인생
오늘이 마지막 같은 생각으로
몸과 마음을 전념하게 되면
삶에 대한 태도가 바뀌게 되더라

청춘들이여
젊음은 다시 오지 않으니
세월위에 얹혀살지 말고
세월을 부리며 전념을 다해 살아보라.

청소년들이여

불안과 좌절에 휩싸여
과격한 감정으로
마음의 갈등과 번뇌 속에
정신적 방황을 겪기도 하지

청소년들이여
모든 과정이 순탄치 않지만
새는 알에서 나오려 싸우듯
성장의 진통을 겪으며 자라지

아름다운 미래를 꿈꾸며
내면의 갈등을 극복하여
건전하게 살아간다면
더 나은 존재로 거듭 날거야

나침반도 흔들린 후 방향을 잡듯
더 나은 나를 위한 흔들림이니
힘든 경험과 자기완성으로
밝은 내일을 기다려보면 어떨까.

태양처럼

온 세상 밝혀주는
빛나는 태양처럼
태양은 쉬지 않는다

낮에는 이쪽으로
밤에는 저쪽으로
계속 밝혀줄 뿐이다

돌아가는 지구가 얄미울 뿐
태양은 언제나 그 자리에서
변함없이 밝혀줄 뿐이다

그대도 태양처럼
그 자리 중심 잡고 버티어
항시 주위를 빛내어보라.

서로를 그릇 다루듯

도자기는 불의영혼
가마 속 터질듯한 눈물과
불의 통곡으로 탄생한 그릇
강한 불로 익힌 영혼을 담은그릇

밥을 담으면 밥그릇
차를 담으면 찻잔
주객 손에 잡히면 술잔
쓰는 자가 막 쓰면 막사발

막 다룬 그릇은 깨지는 법
사람들도 마찬가지
막 쓰면 막가는 사람
귀중한 몸가짐은 고귀한 사람

사람이나 그릇은 깨지기 때문
배려하고 소중히 다뤄야 하지
우리도 서로를 그릇처럼
깨지지 않도록 소중히.

4부. 찬란한 비상

우리도 움츠리기만 할 게 아니라
항상 숨은 노력으로
비상을 꿈꾸며 뜨겁게 살아
찬란한 내일을 준비해 보자.

-찬란한 비상 中-

찬란한 비상

물 위의 오리는
그냥 떠 있는 것 같지만
순간을 기다리며
수면 밑에서 쉴 틈 없이
발부리로 물을 젓는다

때가 되면 물을 차고
순간 깃털 소리로
눈부신 하늘에 울려 퍼뜨리며
찬란히 비상하는 것처럼

우리도 움츠리기만 할 게 아니라
항상 숨은 노력으로
비상을 꿈꾸며 뜨겁게 살아
찬란한 내일을 준비해 보자.

오늘의 젊은 세대

오늘의 젊음들은
길을 잃어 본 적이 없는 세대
젓가락보다 스마트폰을
먼저 손에 쥐었고

너무 많이 깔린 정보홍수 속
누구에게 묻지 않아도
그대로 따라가면
쉽게 목적지를 찾아가는 세대

다른 말로 하면
정보 속에 길을 잃어버릴
기회 자체를 잃어버려
판단을 안 내려도 되는 세대

하지만 새로운 기술을 접하며
자란 지금의 젊은 세대는
가만히 두면 목표를 찾아가는
가장 똑똑한 스스로의 세대.

삶의 긍정

인생을 살아감에
부정과 긍정
자기 삶을 긍정치 않으면
무엇을 어떻게 할 건데

멸시와 편견 그리고 치욕
눈물로 얼룩진 인생
감당해낸 사람만이
할 수 있는 이야기

자기 긍정이 활력소
치욕과 자존심 초월해
모든 것 받아들여
더 중요한 가치 찾아보라.

생은 움직이는 것

살아 있고 깨어 있으라
살아 있는 것은 소용돌이친다
출렁이고 소용돌이치는 것은
살아 있다는 자연스러운 현상

끊임없이 자신을 뒤틀며
높은 벽 타고 넘는
담쟁이덩굴처럼

흐름 또한 힘에 벅찰 때
스스로를 뒤틀면서
저항을 뚫고 움직여나간다

살아있는 건 움직이는 거니까
우리 스스로가 움직여
성장해 나아가야 한다.

망각

하늘을 향해 외치는
마지막 절규
눈물의 호소

차라리
만나지 않았더라면
그리움 따위는 없었을 것을

낙엽 떨어지듯
지나간 사람
이젠 뜬구름 같은 춘몽들

저 멀리
하늘 높이
훨 훨 날려 보내보라고.

내 마음을 잡아라

내 속에서 잠든 사람이여
깨어나라 그대의 마음 안에서
흐트러진 생각을 붙들고
일침을 가해보라

내 중심을 잃어버리고
원칙이 흔들리는 세상 속
달아나는 마음을
되돌리는 바늘의 따끔함

붙잡으면 그 속에 답이 있듯
내 마음의 주인이 되어
답답한 가슴, 세상사까지
물꼬 터지듯 해결하게 되리라.

그래도 세월은 간다

너희들
갑자기 무슨 바람이야
자극적 노출 판치는 요즈음

앞가슴 드러내고 흔들어대고
치마 아찔 보일 듯 말듯
찡한 감동 느끼게 하네

찾고 싶구나 잃어버린 순수함
애틋함에 대한 갈망으로
갖고 싶어라 나만의 권위의식

그리워라 인간다웠던 시절
지나간 오렌지족 유행 속
세월은 유유히 흘러만 간다.

마음의 변화

시는 조용히 시작된다
짧으면서도 은은하게
고요하면서도 깊게

싶게 웃기고 금방 눈물 나
감동이 뒤범벅되고
온몸이 변해 엉망이 되네

잠깐 봐도 눈에 콕 박히게
맘을 후벼 파며
웃기고 울렸다를 마음대로

그래야
모든 사람이 움직이고
마음이 바뀌니까.

변화 해보라

전통은 만들어지는 것
옛것을 그대로 본받거나
답습하는 게 아니야

유구悠久한 것일지라도
변화하지 않는 전통은
소멸하고 말지

시대의 흐름에 따라
새롭게 만들거나
변화할 수 있는 것

세상을 바꾸려면 변해야 되고
우리도 발전 개발하고
행동하는 사람이 되어보면 어떨까.

성공의 지름길

신이 내린 천재는 없어
끈질기게 자기가 좋아하는
성향을 열정으로 파고들면
전문가 반열에 오를 수 있지

천재란 게으름 감추는 핑계
나만의 숨은 재주를 찾아
꾸준한 노력으로 꽃피운다면
천재의 긍지에 도달할 수 있지

세상에 똑같은 사람은 없다
사람은 태어날 때부터
그 사람만의 재능이 있으니
당신만의 특별함을 만개해보라

본래의 능력을 계발 않는 경우
물결을 역행하는 힘든 삶이 되고
타고난 잠재력에 집중하면
지름길로 성공할 수 있는 게지.

우리의 인생

우리의 인생행로는
가파르고 미끄럽다
때론 외롭고 힘들고
위협적인 길을 가야만 되지

그 고난의 길을 통과하려면
인내와 지혜가 필요하고
더 영특하고 강한 당신을 위해
자신감과 끊임없는 노력을
투자해 보시지 않으렵니까

기대하며 기다리는
멍청이가 되지 말고
따지고 실천하는 똑똑이가 되어
행복한 순간을 바로바로 누려라
지나간 인생은 단 한 번뿐이니까.

자신과의 대화

분노와 스트레스는
자기 탓과 남의 탓이 있고
생각을 너무 많이 하기 때문이지

남의 탓은 원망 때문이고
나의 탓은 스스로 분노를
이기지 못하기 때문이지

현대인들의 지나친 경쟁 속
스스로 가치와 잠재력을 잊고
실체가 없는 불만족 속에
사는 경우가 많기 때문이지

자신과 대화하여
내가 누구며 원하는 건 무엇인지
어떤 세상을 꿈꾸는지
스스로에게 먼저 물어 답하고
자신 속 해결의 잠재력을 길러보라.

젊음의 야망

젊음이여
오늘보다 더 빛날
내일의 가능성을 두고
내 안의 진짜 나를 일깨워보라

나만의 방식으로 세상을 보고
보이지 않는 것도 상상하며
미지의 공간으로 들어가
새로운 세상을 만들어보라

다른 젊음들은 낭만을 꿈꿀 때
당신은 미래를 꿈꾸고
생각하는 물음표
행동하는 느낌표
그것이 세상 바꾸는 창조적 힘

더 큰 야망으로
도약을 준비하는 당신
나만의 꿈을 키우고 실천해
열정을 다해 노력하고
세계를 향해 크게 외쳐보라.

경험의 지혜

모든 것이
불완전한 게 인간
가만히 그냥 내버려둬라
스스로 느끼고 깨닫게

그들의 미래는
불확실하지만
스스로의 느낌으로부터
이내 곧 인간이 될 테니까

다음 세대에게
물려 줄 수 있는 최고의 선물은
나무람이 아니라
오랜 경험에 묻어나는 지혜인 거야.

승리자의 정의

나와 당신
또 우리들은 누구인가
우리가 부정하고 싶었든
나만의 정의는 무엇인가

가슴에 손 얹고
냉정하게 생각해보라
당신의 정의는
타인의 진리보다 더 옳은가

다른 어떤 것의 희생으로
얻은 인생의 승리라면
죄책감과 부채감은
어떻게 갚을 것인가

생존경쟁 속
승리자만의 진리고 정의인가
아리송한 굴레 속에
오늘도 나는 갈피를 잡지 못한다.

마음속 거울

마음속 거울에는
삶의 뜻을 비치는
암시로 은은하건만

멋대로 해석한 무지에 잡혀
욕망 채움에 골몰하는 인간들
추악함이 인간사를 뒤덮는다

가련하고 불쌍한 형태 속
섬뜩 깨닫는 사람이 또한 있어
양심으로 마음을 울리게 하네

죄악의 덩굴 속 진실로
사람이 사람답게 살아
참회의 여린 실을 자아올린다.

실패의 깨달음

실패를 맛보았는가
실패는 실패로 인정하되
낙심 않고 받아들이면

실패로 끝나는 게 아니라
경험한 오류의 행위는
되풀이하지 않기 때문이지

도리어 독특한 능력을 기르고
혁신할 수 있도록 도와주며
스스로의 깨달음을 얻게 되어
곧바로 일어서게 한다네.

좌절의 역발상

좌절의 순간
잔인하리만큼
오기로 저항하면서
역으로 분노하라

과감히 운명 앞에
역도전하여
야성과 독기로
미친 듯 질주하라

극단적인 순간
역발상 해보면
세상은 그대를
기다리고 있노라.

희망과 절망

절망과
희망은
같이 있는 것이야

희망은 꿈꾸는 자의 것
내가 나를 허물고
희망의 세계로
크게 눈을 떠보자

희망 속에
행복이 있고
행복은 바로 옆에 있는 거야.

공허空虛

걸어보라, 걸어보라
자연 속 걸어보라
자연을 가까이하면
신선도 이웃처럼 가까우리

모든 고민 내려놓고
시에 취해 자연에 취해
시간만을 낚아도
나는 좋으리

내 마음 투명하게
속살도 비춰볼 수 있는 그곳
어쩔 수 없이 빨려들어
허세의 슬픔을 다독여주네.

번뇌하는 자여

지친 영혼들이여
고민하고 번뇌하며
역동과 갈등으로
가야할 길 잃어 방황하는가

세상사 고통스러운 것은
자신도 모르게 뭔가를 움켜쥐고
놓지 않으려는 욕심 때문

그대는 그대의 갈 길을 아는가
하루하루가 불안한 것은
뭔가를 채우려는 습관 때문
지금 이 순간부터 놓아보라

물같이 낮은 곳으로 흐르다가
부딪치면 여유롭게 돌아가고
치유의 용서로 겸손을 베풀면
너그러움의 넓은 바다 형성되어
모든 것 만족감에 편안해지려니.

막연한 불안감

우리가 살면서
가장 두려운 것이 뭐지
오늘따라 밀려오는
대책 없는 막연한 불안감

내일은 어떻게 될까
힘도 없고 능력도 없지만
오지도 않은 내일을
미리부터 걱정하는 어리석음

희망찬 꿈이 있으면
그 꿈 이루기 위해
온몸의 열정으로
힘껏 달려 나갔을 것이니까

벌써 그 작용만으로도
불안할 틈새가 없지
정한 목표를 향해
쉬지 않고 뛰어야 하니까.

긍정의 힘

어떤 사람은 매사 잘 풀리고
어떤 사람은 아무리 노력해도
제대로 되는 일이 왜 없을까

우리의 생각이
판단을 습관화하기 때문
느끼는 생각도 결과화 되니
좋은 생각만 습관화 해 보자

불안, 초조, 우울
부정적 생활습관을
기쁨의 긍정적 생각으로

모든 일의 결과도
먼저 생각하는 습관의 힘
행복한 긍정의 생각으로
나를 바꿔 매진해보라.

고난 뒤엔 낙樂

누구나
고통은 괴로워
힘들어 피하려 하지

그러나
마땅히 겪어야 할 고통이라면
자청하여 그 속으로 뛰어들지

아무리 아파도
견디는 산모처럼
고통보다 더 큰 기대가
찾아옴을 깨달았기에

고난 뒤엔 낙樂이 있는 법
살아 있는 한 고통은 한 부분
깊은 고난에도 감동하고
끔찍한 고통 속에 절규해보자.

부족함

풍족함 속에서도
부족한 시절을 잊지 않고
살아간다면 좋으련만

길게 보면
한때의 부족함이
축복이 될 수도 있지 않을까

부족함 때문에
평생자산이 될 수 있는
소중한 경험을 얻을 수 있지

길게 보면 지금의 어려움이
복의 원천이 될 수 있을지
어느 누가 알 수 있으랴.

인간 본연의 삶

지금 우리가 사는 세상
멋진 현대의 문명 속
새로운 시대만을 향해
너무 빨리 가는 건 아닐까

숨 가쁘게 짜인 일과 속
문명이 주는 쾌락과
물질적 조건에 안주하면서
인간성을 상실한 바보들

앞만 보지 말고 옆도 보면서
빨리 보다는 천천히
고민에 시달리는 우리들
본연의 모습을 찾아보자

자유와 의지가 없는 삶
인간답게 산다는 게
어떤 의미의 삶인지
깊이 고민해보는 순간이다.

오늘의 변화

흐르는 강물에는
발을 두 번 담글 수 없는 거야
강물은 쉼 없이 흐르기 때문
조금 전 물과 지금 물은 다른 것

흐르는 변화 과정으로
우리도 오늘과 내일이 흘러
먼 훗날까지 늘 변해왔고
또 계속 변화할 것이라네

요즘 변화가 일상화된 현실
변화를 본질로 받아들이고
지나간 어제는 오지 않으니
오늘을 놓치지 말고 변화해보라.

마음가짐

절망적인 상황에서
어렵고 두려움을
용기와 도전으로 바꿔봐

포기보다 의지하고 노력하는
긍정적인 발상이
현실을 바꾸는 강력한 힘이야

깨달음의 문고리를
잡기까지 험난한 여정은
온전히 자기 몫이야

결국 중요한 것은
우리가 처한 현실이나
어려운 환경이 아니라
스스로의 마음가짐이야.

눈과 귀 그리고 입

조물주가
두 눈과 두 귀를
만들어 준 것은
두 배로 보고 들으라는 것

입을 하나로 만든 것은
적게 먹고 적게 말하라는 것
어쩌잔 것인가
많이 먹고 말만 많아
화를 부르고 있으니.

대충을 뛰어 넘어

이제 우리는
빨리빨리 문화와
대충을 뛰어 넘어
안정으로 가야 한다

문제가 생기면
제대로 진단돼야
정확한 답이 나오고
재발도 막을 수 있지

앞으로는 꼼꼼히
따지고 재확인하여
빠름보다 다짐의 문화로
선택했음 좋겠다.

오늘의 투자

이유 없이 피는 꽃은 없듯이
인생에서 어느 날 갑자기
주어진 행복이란 있을 수 없다

강 가운데 생긴 섬도
강물이 오랜 세월
흙을 실어 왔기 때문

운명이란 꾸준히 개척하여
매사를 소홀히 말고
스스로 만들어 나가는 것

언제나 그렇듯 위대한 준비는
내일의 영광 앞에
오늘을 투자해야 하는 법

푸르게 솟아오를
그날을 기약하면서
지금 이 순간 분투 노력해보자.

원한과 용서

원한을 버리지 않으면
자기 몸을 끊임없이 할퀴고
뼛속까지 깊이 뿌리박혀
상처 내는 가시나 비수 같은 것

자신을 끊임없이 한숨 쉬게 하고
잠 못 이뤄 몸부림치게 하여
몸과 마음을 파괴하고
삶의 의욕까지 빼앗는다지

우리를 고통스러운 과거로부터
해방되어 벗어나게 하려면
결정은 당신 손에 달려있지
그것은 바로 너그러운 용서

용서가 지닌 치유력으로
현재의 상처는 치유될 수 있는 것
상대를 용서하고 앞으로의 삶을
행복하게 살아보지 않으렵니까.

내 안의 나를 찾아

인 쇄 : 초판인쇄 2014년 10월 25일
인 쇄 : 초판인쇄 2014년 10월 30일
지은이 : 곽병수
펴낸이 : 윤기영
편 집 : 정설연
펴낸곳 : 노트북
등 록 : 제 305-2012-000048호
본 사 : 서울시 동대문구 사가정로 256-4호 나동B101
전 화 : 070-8887-8233 팩시밀리 02-844-5756
이메일 : hdpoem55@hanmail.net

정 가 : 10.000원

ISBN : 978-92687-50-8-03810

한국 현대시(韓國現代詩)

811.7-KDC5
895.715-DDC21 CIP2014030304